音楽と絵

音楽　大友良英

絵　朝野ペコ

2014. 12. 5
MUGI

WASEDA SHOCHIKU

2014.12.9
MUGI

2014.12.11
MUGI

2014. 12.12
MUGI

2014. 12.14
MUGI

2014.12.15
MUGI

2014.12.18
MUGI

2014.12.19
MUGI

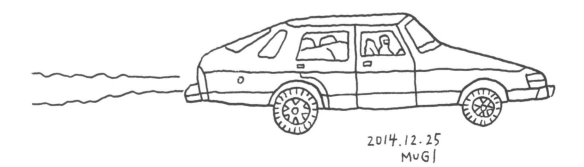

2014.12.25
MUGI

2014.12.27
MUGI

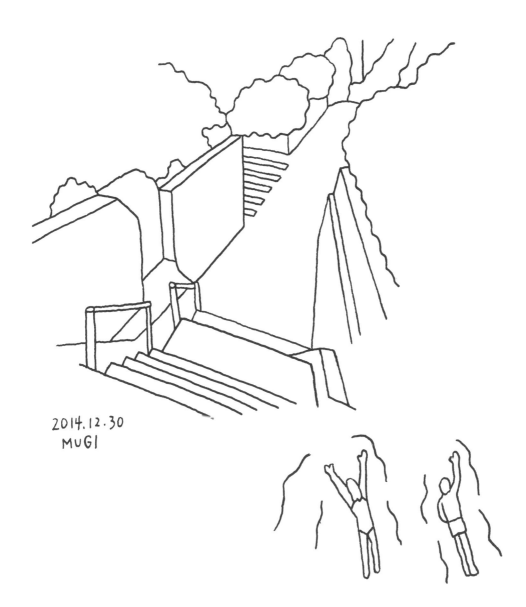

2014.12.30
MUGI

2015. 1. 3
MUGI

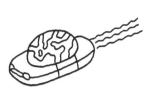

2015.1.9
MUGI

花束みたいな恋をした

2016.1.15
MUGI

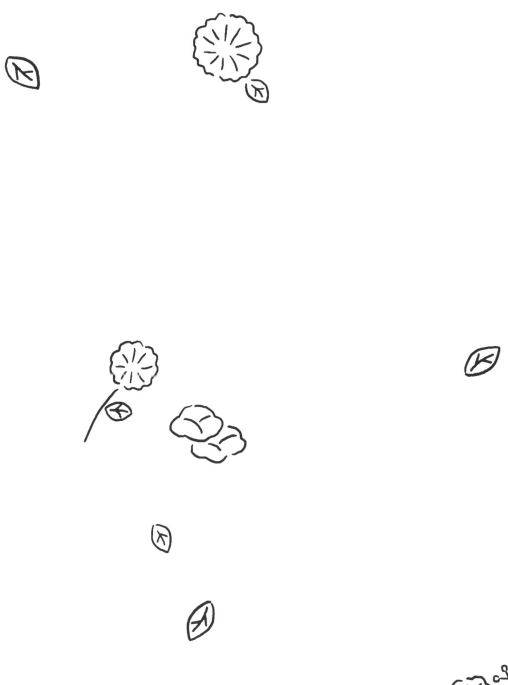

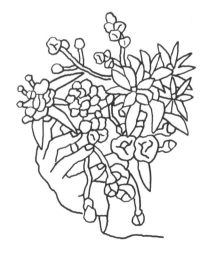

HANATABA MITAINA

KOI WO SHITA

ORIGINAL
SOUNDTRACK

—

OTOMO
YOSHIHIDE

映画『花束みたいな恋をした』

大友良英 オリジナル・サウンドトラック

LINER NOTES

今さら「音を一緒に出すだけで嬉しい」なんて経験するとは思いませんでした
大友良英

2020年春、そろそろ『花束みたいな恋をした』の作曲を始めなくちゃってときに始まったコロナ禍のステイホーム。まいったなあ。連日コンサートの中止や延期の打ち合わせが続いて、人生初の鬱みたいな状態になっちゃって、正直に告白しますとですね、『花束みたいな恋をした』の気分になどなれるわけもなく、録音日程が延びたのをいいことに、ずっとサボっておりました。とはいえ監督からはデモを聴きたいとの催促。やらなくちゃだよね。そんなわけで無理やり絞り出したラグタイムっぽいテーマ曲のファーストデモがあったのですが、これは案の定ボツ。いや、わりといい曲だったんですよ。でも、映画のことをちゃんと考えずに作ったからなあ。やっぱ、バレます。無理しちゃいかんのです。

でもこのときに落ち込んだ状態で、録音したスローなギターソロがあって、こちらのほうに監督は食い付いてくれました。この曲だけはなんとなくではあったけど麦くんと絹ちゃんの切ない気持ちにつけた曲だったんです。この曲がほぼそのまま「恋のテーマ」として劇中に使われることになりました。で、私の場合は、こうして一つでも取っ掛かりがあると、見えてくるんです。なんとなくの方向が。

ライブも音楽の仕事も止まったままで家にいるわけだし、こうなったら徹底的にこの映像を見てやれ。そんな気分で繰り返し繰り返し見たわけですが、気づいてみると、普通に登場人物たちに入れ込んじゃってるじゃないの！ 東京に出てきた頃住んでたのって冒頭にでてくる明大前だったよなあとか、この高速沿いの夜中の甲州街道、学生時代によく歩いたよなあとか、そういえば初めて女の子が自分のアパートに来たときって……なんて甘酸っぱいことを思い出してみたりとか、雑誌社の安いバイト、オレもやったよなあとかって感じで麦くんを自分にシンクロさせてみたり。いかん、いかん。これじゃ全然仕事にならない。ふりきって頑張ろうとすると、黒いハットをかぶった先輩たちが出てくるシーンが……。「自意識強い人ほど……ツバが広がっていきますよね」

う～～ん、これって自分のこと言われてるみたいで、ますます音楽どころじゃなくなったりして。でも、それで気づいたんです。この映画、見る人たちは今をときめくスターたちの恋愛劇を見るんじゃなくて、自分たちのことのように主人公たちにシンクロしながら見るんだろうなって。かつての彼女や彼氏を思い出そうとしたら絹ちゃんや麦くんの顔に入れ替わってしまうくらいの感じで。

そんなこんなで、どうやらこの映画の劇伴の役目は、主人公の二人をピカピカのきらびやかなスターに見せるんじゃなくて、自分たちと同じ地平のどこにでもいる二人に見せることだって気づいたのでした。

方向が決まるとこれでも仕事は速いほうで、次々と曲が思い浮かんできます。と同時に録音メンバーたちのスケジュール調整を、私の映画音楽制作には欠かせない佐々木次彦さんにお願いしました。なにしろ私の場合は曲を書く際に、必ず誰が演奏するかを想定してその演奏の姿や音を思い浮かべながら書くんで、同じ楽器なら誰でもいいわけではないのです。メンバーのスケジュールが合わず別の人になったときは曲を書き換えることもあるくらい。幸い今回はスケジュール調整は一発OKでした。考えてみればコロナ禍で、みな仕事が飛んで家にいるわけですから。この頃には私の鬱っぽい状態もすっかり良くなってました。もしかしたら麦くんと絹ちゃんに癒してもらったのかも。

緊急事態宣言が明けてやっと録音がスタートしました。みなで集まって音を出すのは3ヶ月ぶりです。いや～、本当に嬉しかった～。私だけでなくメンバー全員、久々の演奏で、みなそんな感じでした。最初の方こそ、普段じゃありえない感じで譜面を読み飛ばしたり、リズムが甘かったりでしたが、30分もしないうちに、みないつもの勘を取り戻して、音が生き生きしてきます。さすが！ それどころか「お一人様ブルース」なんか生き生きしすぎでアクション映画みたい。
「音楽かっこいいけど、麦も絹も、そんなじゃないですから」

笑いながら監督に注意されちゃいました。というわけで、「みんなもっとショボく演奏して」なんて普通じゃありえない指示を出してのやり直しもまた楽しかった。生き生き演奏のピークは深夜の怪しげなカフェで流れる音楽「サイケデリック・ミッドナイト・スペシャル」かな。こんなに長い必要は全然ないんだけど、ついついやりたくなっちゃったのでした。このあたりの曲で肩慣らしをしたあとは、メインの劇伴の録音に。

そんなこんなで、ステイホーム明けに最初にみなで音を出したドキュメントがこの録音でもあります。一緒に音を出すだけで、こんなに嬉しいんだってことを噛み締めながらの録音なんて、今までなかったような気もします。いつもなら映像に出てくるスターたちをより輝かせるような、時に現実離れした派手な音楽を作ることだってあるわけですが、今回ばかりは、そんな派手なことではなく、ベテランのプロフェッショナルたちが「一緒に音を出すだけで嬉しい」って心底思えるような無垢な状態で録音できたことが、この映画に幸いしたんじゃないかと、今でも本気で思っています。

TRACK LIST

01 花束みたいな恋をした　テーマ
　　演奏：鬼怒無月 AG　大友良英 G　江藤直子 p synth
　　近藤達郎 org かわいしのぶ b 芳垣安洋 ds

02 恋のテーマ 1　アコギバージョン
　　演奏：大友良英 AG

03 追憶のカフェ・ミュージック
　　演奏：近藤達郎 org 江藤直子 el-p
　　かわいしのぶ b 芳垣安洋 ds

04 オープニング
　　演奏：大友良英 AG　江藤直子 synth

05 おー人様ブルース 1
　　演奏：鬼怒無月 G　大友良英 G　江藤直子 p
　　近藤達郎 org かわいしのぶ b 芳垣安洋 ds

06 おー人様ブルース 2
　　演奏：鬼怒無月 AG　大友良英 AG　江藤直子 el-p
　　近藤達郎 org かわいしのぶ b 芳垣安洋 ds

07 おー人様ブルース 3
　　演奏：鬼怒無月 AG　大友良英 AG　江藤直子 el-p
　　近藤達郎 org かわいしのぶ b 芳垣安洋 ds

08 サイケデリック・ミッドナイト・スペシャル
　　演奏：鬼怒無月 G　大友良英 G　江藤直子 el-p
　　近藤達郎 org かわいしのぶ b 芳垣安洋 ds

09 出会い
　　演奏：鬼怒無月 AG 大友良英 AG

10 花束みたいな恋を 1
　　演奏：鬼怒無月 AG　大友良英 AG
　　江藤直子 el-p　近藤達郎 key

11 ガスタンク・ムーヴィー 1
　　演奏：江藤直子 synth　近藤達郎 synth
　　かわいしのぶ b 芳垣安洋 perc

12 ガスタンク・ムーヴィー 2
　　演奏：大友良英 synth

13 花束みたいな恋を 2
　　演奏：鬼怒無月 AG　大友良英 AG
　　江藤直子 el-p　近藤達郎 org

14 花束みたいな恋を 3
　　演奏：鬼怒無月 AG　大友良英 AG　江藤直子 el-p
　　近藤達郎 org かわいしのぶ b 芳垣安洋 ds

15 空と雲と恋と
　　演奏：鬼怒無月 AG　大友良英 AG
　　江藤直子 el-p　synth

16 海と
　　演奏：鬼怒無月 AG　大友良英 AG

17 花束みたいな恋を 4
　　演奏：鬼怒無月 AG　大友良英 AG　江藤直子 p
　　近藤達郎 org かわいしのぶ b 芳垣安洋 ds
　　手拍子　演奏参加メンバー＋高良久美子

18 花束みたいな恋を 5
　　演奏：鬼怒無月 AG　大友良英 G　江藤直子 p
　　近藤達郎 org かわいしのぶ b 芳垣安洋 ds

19 花束みたいな恋を 6
　　演奏：鬼怒無月 AG　大友良英 AG 近藤達郎 org

20 恋のテーマ2
　　演奏：鬼怒無月 AG　大友良英 AG 江藤直子 el-p
　　近藤達郎 org かわいしのぶ b 芳垣安洋 ds

21 花束みたいな恋を 7
　　演奏：江藤直子 el-p　近藤達郎 org

22 花束みたいな恋を 8
　　演奏：鬼怒無月 AG　大友良英 AG

23 終わりの予感
　　演奏：鬼怒無月 AG　大友良英 AG　江藤直子 el-p
　　近藤達郎 org

24 花束みたいな恋を 9
　　演奏：鬼怒無月 AG　大友良英 AG　江藤直子 p
　　近藤達郎 org かわいしのぶ b 芳垣安洋 ds

25 花束みたいな恋をした テーマ アコギバージョン
　　演奏：鬼怒無月 AG　大友良英 AG

26 花束みたいな恋をした テーマ バリエーション
　　演奏：鬼怒無月 AG　大友良英 AG　江藤直子 p
　　近藤達郎 org かわいしのぶ b 芳垣安洋 ds

全26曲
作曲：大友良英

録音＆マスタリング・エンジニア：葛西敏彦／録音スタジオ：サウンド・シティ／音楽制作：佐々木次彦

　2019年の11月、調布の撮影所に伺いました。監督をはじめ製作スタッフに囲まれる中、麦と絹の似顔絵を描いたのを覚えています。皆さんの和やかな雰囲気に救われ、チームの一員として迎え入れてくれていることを実感しました（撮影現場ってもっとこわい場所だと思っていたので）。

　作画は監督や助監督と念入りに打合せをしながら進めました。麦の人格やシーンの持つ意味について電話で2時間以上話すことも。また、調布の街を散策したり、明大前で下車したり、麦が通っていたミニシアターに行ってみたりもしました。特に意識したのはシーンの前後の空気感や感情、そういったものをイラストによって途切れさせないことです。劇中のイラストは彼の人格を表す大事な要素でもあるので、最後までプレッシャーを感じていました。

　撮影が始まると現場に入り、イラストが絡むシーンにはすべて立ち合わせていただきました。その場で描くことも結構あって、現場には専用の作業机を用意してもらっ

て。画面には映りきらなかった絵も実はたくさんありました。それらがこのイラスト集で日の目を見ることになって嬉しいです。

　麦は自分に似ていると思います。読んでいる本、観ている映画、聴いている音楽。20歳そこそこの自分をみているような気持ちでした。派手なことは起こらないけど些細なことに喜びを見つけて、何でもないような景色をスケッチブックに描き溜めている。世代や住む場所の違いは意識しましたが、根本の部分では無理のない自分自身の視点で描いたものになりました。

　絹と出会ったその日から彼の世界は彩られます。このイラスト集ではそのあたりも辿りながら味わえる構成になっているので、音楽と共に時間の流れを楽しんでいただければ幸いです。このスケッチブックの続きを、麦がまた描いていてくれたら嬉しいですね。

朝野ペコ

大友良英
〔 音楽 〕

1959年生まれ、横浜出身。10代を福島市で過ごす。ギタリスト、ターンテーブル奏者、作曲家、映画音楽家、プロデューサーとして多種多様な音楽を作り続けている。音楽を担当したNHK連続テレビ小説「あまちゃん」(2013)で東京ドラマアウォード特別賞、日本レコード大賞作曲賞などを受賞。1993年の中国映画『青い凧』を切っ掛けにこれまで担当した映画やテレビの音楽は100作品を超える。2019年にはNHK大河ドラマ「いだてん」の音楽を担当したほか、これまで手がけた映画・テレビやラジオの劇伴やCMソングから選曲されたCD「GEKIBAN1〜大友良英サウンドトラックアーカイブス〜」「GEKIBAN2〜大友良英サウンドトラックアーカイブス〜」を発売。東日本大震災を機に立ち上げたプロジェクトFUKUSHIMA！では芸術選奨文部科学大臣賞芸術振興部門を受賞している。

あさの・ぺこ
朝野ペコ
〔 絵 〕

1983年生まれ、兵庫県出身、大阪在住のイラストレーター。書籍や広告などのイラストレーションを幅広く手がける。『花束みたいな恋をした』劇中では山音麦が描くイラストを担当。主な仕事は、いとうせいこうと星野概念による共著『自由というサプリ』(リトルモア)、大井浩一著『村上春樹をめぐるメモらんだむ2019-2021』(毎日新聞出版)、なぎら健壱著『関西フォークがやって来た！ 五つの赤い風船の時代』(筑摩書房)、雑誌「anan」(マガジンハウス)など。また、神戸にあるミニシアター・元町映画館では10年にわたり、フライヤーやWEBサイトのビジュアルを担当している。

『花束みたいな恋をした』音楽と絵
2021年11月24日 初版第1刷発行

音楽 大友良英

絵 朝野ペコ

ブック＆CDデザイン 石井勇一

発行者 孫家邦

発行所 株式会社リトルモア
〒151-0051東京都渋谷区千駄ヶ谷3-56-6
TEL 03-3401-1042 FAX 03-3401-1052
info@littlemore.co.jp http://www.littlemore.co.jp

印刷・製本 株式会社シナノパブリッシングプレス